a pattern of eternity

preface

영원에 무늬가 있다면
떠오르는 형태를 그릴 수 있다면
무의미를 사랑할 수 있을까
무너지는 마음을 떠받칠 수 있다면
희미한 그림자를 나눠줄 수 있다면
그런 가정들에 파묻혀
가지런히 손을 모은다
풀리지 않는 손가락
과거는 하나 미래는 둘
겹치고 또 겹쳐서 완전히 포개지는
두 개의 차원처럼
간지러워서 움직이면 물결이 친다
현재는 없고 언제나 현재다
처음과 끝은
처음부터 끝까지 이어져 있으므로
꿰뚫으면
모두 영원해진다

2018년 12월
최유수

contents

part 1. eclipse

치유 · 11

지울 수 없는 사진 · 13

등나무 향 · 15

축제 · 17

winter sea · 20

미워하는 마음 · 22

빛도 어둠도 없는 · 25

분노 · 27

식물의 기분 · 29

흙냄새 · 33

타인의 크기 · 34

no shelter · 37

문장의 힘 1 · 38

문장의 힘 2 · 40

빈터 · 42

불안 · 43

무릎 위의 섬 · 46

migration · 48

취향에 관한 소고 · 50

바깥과 바깥 · 54

나의 슬픔에게 · 56

idle listener · 60

능선 · 65

거울 속의 나 · 66

part 2.　timeless

신 · 71

late autumn · 72

입술에 사는 식물 · 74

새벽녘 · 75

비밀들 · 76

두 개의 차원 · 80

time goes by · 82

2017년 여름의 답장 · 84

tenseless · 86

두께 · 88

영원성 · 90

편도행 티켓 · 92

환상 · 94

emptyness · 95

야간열차 · 96

잔흔 · 98

삶의 한가운데 · 99

무덤 · 100

우리는 매일 조금씩 · 103

주사위와 유성 · 105

두 번째 순수 · 107

초여름 · 108

faith · 110

너 · 111

part 1. eclipse

치유

처음 보는 사람들 앞에서 자신의 이야기를 꺼내기 위해 입을 연 그녀는, 사람에게 받은 상처는 결국 사람으로 인해 회복되는 것 같다고 말했고, 사람들은 고개를 끄덕였어. 찰나였지만 저마다 누군가를 떠올리며 눈빛이 희미하게 떨리는 것처럼 보였어. 다들 어떤 얼굴을 떠올리며 고개를 끄덕였던 걸까.

기도를 외듯이 나는 중얼거렸어. 저마다의 사연이 있겠지만, 거기에 선과 악은 없는 거라고 말이야. 상처를 준 사람이 신에게 용서를 구하고 있을 때, 상처를 받은 사람은 용서하는 법을 억지로 배워나가고 있겠지. 그러는 자신도 이미 누군가에게는 상처를 주었고 혹은 상처를 주고 있다는 사실은 잊은 채로.

그녀는 여행을 다녀왔다고 해. 상처를 치유하기 위한 여행. 그 여행에서 많은 사람들을 만났고 힘을 얻었다고 했어. 치유라는 단어는 참 고운 발음을 지니고 있는 것 같아. 치유라는 뜻의 영어 단어는 한때 시대를 관통하는 키워드가 되기도 했지. 다들 그런 식으로 치유를 속삭이지만, 치유란 어떤 시간이 경과하는 일을 희망적인 단어로 축약해놓은 것일 뿐이야.

시간의 무게를 저울에 달아본 적이 있니. 누군가가 버텨낸 어떤 과거와 현재 사이의 무게라는 것은 타인에게는 측정 불가능의 것이야. 상처는 우리를 피해가지 않고, 모두 아물고 난 뒤에야 비로소 알 수 있는 사실들이 있어. 비가 오는데 우산이 없다면 온몸으로 비를 맞을 줄 알아야 해. 비가 그친 후 모두 마르고 나면 마침내 알게 될 거야.

지울 수 없는 사진

 사진은 말할 수 없는 것들에 대해 말해줘요. 누군가의 사진을 본다는 것은 말해질 수 없는 순간을 돌이키는 일이에요.

 사진에는 허구가 없잖아요. 모두 사실이거나 사실의 일부예요. 분명히 일어났던 일이고, 존재했던 것이에요. 사실 속에서 차마 말해질 수 없는 어떤 중요한 것을 다시 들여다 볼 수 있게 해줘요. 감춰져 있는 어떤 에필로그를 들추어 줘요. 언젠가 사라질 것들이고, 지금도 사라지고 있는 것들이며, 이미 얼마간 사라진 것들이죠.

 이미 끊어진 연결도 사진 속에서는 여전히 평온하게 연결돼 있는 것처럼 보여요. 그것은 우리 마음 속에 섬세한 파동을 불러일으켜요. 사진은 종종 우리를 지나치게 감상적인 사람으로 변하게 만들어요

 당신에게도 지울 수 없는 사진이 있나요. 나는 일부러 사진을 지우지 않아요. 사진을 지우는 과정 자체를

좋아하지 않는 것 같아요. 일부를 지우려고 정리하다 보면, 사진들은 한 마디씩 말을 건네요. 각자 지워지지 않아야 할 이유에 대해서, 짧고 분명하게. 그래서 지우지 않을뿐더러 잘 정리하지도 않아요.

그동안의 사진들은 곳곳에 흩어져 있어요. 한군데로 정리해 모을 필요도 없고, 모은다고 해서 달라지는 것도 없어요. 아무 의미 없이 그냥 그대로 두면 돼요. 차라리 언젠가 우연히 마주치게 되는 것이 나아요. 그런 점이 사진의 속성이기도 하니까요.

당신이 지우지 못한 사진들은 지금 어떤 계절에 머물러 있나요. 먼지 쌓인 어둠에 고이 덮여 있나요. 가끔은 품에서 꺼내 봐도 괜찮지 않을까요. 아주 천천히, 숲속을 걷듯이.

등나무 향

 일요일에 저녁을 먹으러 오라는 엄마의 메세지에 대뜸 알겠다고 했다. 어버이날이 다가와서 그러는 줄 알았는데, 어린이날이니 맛있는 밥을 해주겠다고 했다. 나는 이제 서른이 넘었는데 무슨 어린이날이냐며 퉁명스레 답했다.
 집에 너 좋아하는 딸기랑 참외 사다 놨어.
 원주에 외할머니가 두릅 줬는데, 나물 무쳐 줄까?
 이제 거의 마지막 두릅이래. 조금 지나면 못 먹어.
 두릅을 좋아하긴 하지만 퇴근 후 저녁을 차리려면 힘드실 것 같아, 엄마가 좋아하는 술인 청하 한병을 곁들여 간단한 외식을 하기로 했다. 집을 나와 독립해서 살게 된 후 함께 밥을 먹을 때면 엄마는 음식 사진을 찍어 보내고, 타지에 나가 있는 아빠에게 으레 전화를 한다.
 저녁 먹었어? 아들이 집에 와서 우리 맛있는 거 먹어. 이런 건 아빠가 좀 사지 그래.

후식으로는 마치 어린이날의 기분이라도 낼 것처럼 아파트 상가 편의점에서 아이스크림을 하나씩 사 먹었다. 엄마는 아이스크림을 고르며 아이처럼 웃었다. 한입 베어 물고 아파트 단지를 걷는데 걸음이 가벼워질 만큼 기분 좋은 향이 삽시간에 코로 스몄다.

엄마, 이게 무슨 향이지?

저기 벤치에 등나무 같은데.

아파트 단지 놀이터의 벤치를 가득 채운 오월의 등나무는 힘껏 넝쿨을 뻗으며, 조금 이르게 여름 맞을 채비를 하고 있었다. 나는 숨을 몇 번 크게 쉬었다.

축제

밤의 수면 위로 저와 함께 노를 저어 볼까요.

밤은 이따금 저에게 축제처럼 다가와요. 낮의 잔해들을 한데 모아 태우고 적막 속에서 폭죽을 터뜨리는 혼자만의 축제. 평온을 찾을 수 없는 낮의 시간은 마음을 어지럽히지만, 밤은 거대한 바닷물처럼 밀려와 저를 서서히 해감해 줍니다. 해야 할 일을 하고, 만나야 할 사람을 만나고, 먹어야 할 밥을 먹는 동안에도 무의식은 자꾸 밤을 기다리고 있는 것 같아요. 혹은 밤이 저를 기다리고 있다고 여기는 것인지도 몰라요. 밤이 가까워질수록 마침내 가야 할 곳에 다다른 듯한 기분이 듭니다. 노을이 무르익어 갈 때가 하루 중 가장 아름답다고 느끼는 이유는 그 때문일까요. 저는 밤에게 많은 빚을 지고 있습니다. 고맙다는 말로는 갚아줄 수 없는 종류의 것이에요. 밤은 뜨겁습니다. 축제의 열기로 가득 차 있던 긴 밤이 지나고 아침이 오면 저는 저 자신을 깨끗이 비우려고 해요. 밤과 아침의 정확한 경계를 알 수는 없지만, 세계가 밝아올수록 영혼이 고요해진다는 것을 몸소 느낄 수 있어요. 아침이 하루의 끝이었으면 좋겠다고 생각한 적도 있어요. 깨어있는 몸으로 맞이하는 아침은 저에게는 썰물과도 같습니다. 그 허전함을 견뎌내며, 또 하루를 보내고 밤을 기다리는 것이지요. 오늘의 축제도 어느새 끝나갑니다.

 아침의 땅을 향해 조금만 더 노를 저어 볼까요.

winter sea

 여름의 한가운데에서 나는 혼자 지구 반대편의 겨울 바다를 떠올린다.

 이름만 대면 누구나 알 수 있는 유명한 해변들이 아니라, 아직 명명되지 않았고 앞으로도 아마 명명되지 않을, 지도상으로 손가락을 짚어야만 겨우 위치를 알 수 있는 해변들. 육지와 바다의 경계로서만 그곳에 존재하는 해변들. 아무도 찾지 않아 이름이 없는 해변들. 겨우내 호젓했을 그 해변들은 어떤 자세로 다가오는 계절을 맞이하고 있을까. 누군가는 소중한 친구의 존재 그 자체를 아무도 없는 바다에 비유하고, 나는 그런 말을 건네줄 수 있는 마음을 가진 친구의 눈빛에 대해 생각한다.

 해가 저물어 가는 겨울 바다의 살갗에는 푸르스름한 혈색이 돈다. 파도는 바람에 쫓기며 두툼한 포말을 실어 나르고, 튀어오르는 포말의 서늘함은 늘 어떤 그리움을 떠올리게 만든다. 땅끝에 서서 바라보는 한겨울의 바다는 한 폭의 유화 같다. 무겁게 뒤채고, 느슨하게 잦아든다. 그 위로는 나의 시선이 꿈결처럼 떠다닌다. 그대로 마음을 내맡기면, 파도의 리듬이 의식의 리듬에 섞여들어 순식간에 아득해진다. 이름 없는 겨울 바다는 품도 없이 우리를 안아준다.

다가오는 겨울에는 바다의 곁에서 살아보고 싶다. 일 년을 겨울 바다처럼 살아보고 싶다.

미워하는 마음

누군가가 나를 미워하고 있다는 사실을 알게 된다면 내색하거나 신경 쓰지 않을 수 있는 사람이 세상에 몇이나 될까. 아무렇지 않은 척 쿨하게 넘기고 싶지만 보통 뜻대로 되지 않는다.

우리는 우리도 모르는 사이 누군가의 미움을 사고 있다. 직접 미움을 살만한 행동을 한 적이 없더라도 종종 그렇게 되어버린다. 최근 들어 가장 신경이 쓰이는 어떤 한 사람일 수도 있고, 군중 속에 섞여 있는 불특정 다수일 수도 있다. 익명의 인간에게 미움을 사는 경우도 있는데, 얼굴도 이름도 모르는 누군가가 나도 모르는 사이 나를 미워하고 있는 것이 아닐까 전전긍긍하게 되는 것이다.

그 계기는 상상하기 나름이다. 억울해도 어쩔 수 없다. 모든 것이 나를 미워하는 계기가 될 수 있다. 무심코 흘린 말이든 행동이든, 우리가 하는 짐작은 대체로 부정적인 방향으로 흘러가기 마련이고 그 사소한 한 가지가 하루종일 신경 쓰이는 바람에 잠 뒤척이기도 한다. 한번 그렇게 생각하기 시작하면 빠져나올 수가 없다. 하나하나 되짚어 보지만 그럴수록 심각해질 뿐이다.

그냥 인정해야 한다. 인간은 누군가를 미워한다. 이 세상의 수많은 인간들 중 누군가는 반드시 나를 미워한다. 미워하지는 않더라도 딱히 좋아해 주지도 않는다. 전 인류가 나를 좋아할 수는 없는 것이다. 신이 아닌 이상 세상 누구도 그렇게 만들지 못한다. 아니, 신에게도 불가능한 일이다.

중요한 것은 내가 좋아하는 사람이 나를 미워하지 않는 것이다. 누군지도 잘 모르는 익명의 인간이 나를 미워하는 것은 그 인간이 살아가는 방식의 문제이지 내가 먼저 굳이 염려하고 잠까지 뒤척일 문제는 아니다.

나도 분명 누군가를 미워할 때가 있다. 누군가를 좋아하는 마음이 있으면 반대로 누군가를 미워하는 마음도 있는 거겠지. 그 마음을 없애버릴 수도 무시해버릴 수도 없지 않나. 미워한다고 해서 죄가 되지는 않는다. 혼자 조용히 미워하면 된다.

인생은 새옹지마니까, 어느 순간 다시 좋아질 수도 있다. 미워하는 마음을 오래 지니고 있는 것도 꽤 괴로운 일이다. 누군가를 미워하거나 누군가에게 미움을 사지 않기 위해 필사적으로 애쓰지 말자. 상황이 어떻게 돌아가든, 내가 나 자신을 미워하지만 않으면 다 괜찮을 것이다.

빛도 어둠도 없는

　내가 나에게 매일 빚을 진다. 지금 이 순간의 나를 미래의 나에게 담보하는 동안 아주 서서히, 그렇지만 착실하게 나라는 존재의 압력이 소진되어간다. 나를 스스로 갉아 먹으며 안으로 또 안으로 계속해서 침잠해 간다. 지면 아래의 공허 속으로 추락한다. 끝이 없는 암흑. 빛도 어둠도 없다. 절벽으로 둘러싸인 허공에서 내가 흩어져버린다.
　랩탑의 휴지통은 터치 두 번으로 간편하게 비워진다. 휴지통이 비워질 때의 명쾌한 효과음은 아무리 들어도 질리지 않는다. 때로는 그렇게 나 자신을 완전히 비우고 훌훌 털어버리고 싶었다. 다시 채워질 것을 알지만 언제든지 터치 두 번이면 간편하게 비워낼 수 있으니까, 그렇게 할 수 있는 랩탑이 부러웠다.
　어떤 날은 눈과 귀를 닫은 채 말을 잃고 싶었다. 나에게서 모든 언어를 걸러내어 들을 수도 말할 수도 없는 존재로 돌아가고 싶었다. 나와 관계된 세계로부터 완전히 분리되어 잠적하고 싶었다. 차원의 틈새를 표류하는 집시처럼 자유롭고 싶었다. 그러면 비워질 수 없더라도 괜찮을 것 같았다.

갚지 않으면 빚은 쌓인다. 정신을 차리고 나면 이미 감당할 수 없을 만큼 불어나 있을 것이다. 지금을 담보하지 않는 시간 속에서, 내 안에서 발화하는 순수한 의지들을 하나둘 발견해나가야만 한다. 그렇게 할 수 있을 때 나라는 존재의 불씨를 꺼뜨리지 않을 수 있음을 기억해야 한다.

분노

 함부로 말을 뱉고 쉽게 분노하는 사람들이 있다. 나는 그런 이들의 분노에 잘 공감하지 못한다. 어릴 때부터 쉽게 화를 내는 사람들을 이해하지 못했다. 화를 내는 것도 습관이라고 생각했다. 무슨 일이 생기면 일단 소리부터 지르고 보는 사람들을 경멸했다. 분노는 늘 나와 가장 멀리 떨어져 있는 감정들 중 하나였고, 나의 문장에는 분노가 배제되어 있다.

 나는 화가 나는 일이 있어도 화를 내 본 적이 별로 없다. 분노라는 감정이 극에 달할 정도로 동요해 본 기억이 거의 없다. 어쩌면 화를 내는 방법을 배우지 못한 것이 아닐까 싶기도 했다. 여전히 분노라는 감정과는 어느정도 거리를 두고 생활하고 있다. 쉽게 화를 내는 사람들은 주변에서 사라져 간다. 그러다 보니 나를 둘러싼 세계가 조용히 자전하는 소리를 듣는 일에 익숙해졌다. 나이를 먹는다는 것은 이렇게 한 걸음씩 관찰자가 되어

가는 일인 걸까. 더 이상 당사자가 되고 싶지 않아서 주변을 맴돌기만 하는 걸까.

식물의 기분

　가만히 앉아 거실에 있는 식물을 보고 있으면 줄기와 잎사귀 속에서 수분이 움직이는 소리가 들리는 듯한 착각이 든다. 지금 내 시선의 왼편에는 3개월 전 들여 온 화분 하나가 자리하고 있는데, 창가로 들어오는 바람에 미묘하게 살랑거리는 모습에서 나는 물이 흐르는 소리를 듣는다.

　직접 물을 주고, 흙을 갈고, 화분을 이사시키며 식물이 조금씩 자라는 과정을 눈으로 확인하는 느낌을 좋아한다. 도무지 싫증이 날 수가 없다. 신경을 쏟지 않고 내버려 둘 수록 식물들은 알아서 잘 자란다고들 하지만, 내 손으로 직접 고르고 데려와 이름을 지어 준 식물에서 새순이 나고 키가 자라는 모습을 어찌 매일 궁금해하지 않을 수 있을까. 더구나 집에 있는 시간이 많은 나에게 식물의 기분을 짐작하며 움직임을 지켜보는 일은 하루의 작은 즐거움들 중 하나다.

잠에서 깨면 창문을 열어 볕을 들이고 분무를 한다. 흙과 식물에 물을 뿌리는 일로 하루를 시작하면 마음이 맑아진다. 그것은 마치 식물과의 스킨십처럼 느껴진다. 식물의 뿌리부터 줄기로, 그리고 잎사귀까지 뻗어 나가는 자연스러운 곡선을 눈으로 따라 그린다. 새순이 나다 만 곳에서는 왜 소식이 없는지 매일 궁금하지만, 식물에게도 어떤 사정이 있을 거라고 생각하며 기다린다. 말을 할 수는 없지만 식물에게는 식물의 일이 있을 테니까.

거실에 있는 것은 파키라라는 관엽식물이고 이름은 '수수'다. 재물운을 불러온다고 하여 외국에서는 보통 'money tree'라는 이름으로 불린다고 한다. 일종의 행운목이라고 보면 될 것 같은데 나는 그런 의미로 이 녀석을 데려온 것이 아니기 때문에 수수와는 전혀 관련이 없다. 인간의 재물과는 아무런 연관이 없는 식물에게 어떤 이유로든 그런 이미지를 씌웠다는 사실에 혀를 내두르고 싶을 뿐이다. 원산지는 남미여서 원래 덥고 습한 환경에서 가장 잘 자란다고 하는데, 기온이 떨어지고 있는데다 올해 겨울 사상 최고의 한파가 닥칠 거라는 예보가 있어 조금 걱정이 된다.

옥상에는 자귀나무 분재 한 그루가 있다. 손바닥 길이만한 녀석이고 이름은 '다다'다. 처음 우리 집에 데

려왔을 때는 잎사귀가 빼곡할 뿐만 아니라 신비로운 꽃송이가 몇 개 피어있는 모습이었다. 지금은 몸살을 앓고 있는지 잎과 가지를 모두 떨군 뒤 아직 새순이 나지 않고 있다. 원래 노지에서 크는 나무라서 배수만 잘 되면 건강하게 잘 자랄 수 있을 거라고 생각했는데, 이사를 오는 바람에 컨디션이 좋지 않은 모양이다. 겨울을 함께 잘 버티고 나면 봄에는 새순을 틔울 수 있을 거라고 믿는다.

오늘도 거실에 앉아 식물과 함께 고요히 숨을 쉬며 작은 위안을 얻는다. 식물의 시간을 상상하며, 식물의 기분에 대해 자주 짐작할 줄 아는 계절을 보내고 싶다.

흙냄새

　미술관에서 전시장을 지키는 일을 한 적이 있습니다. 구 벨기에 영사관을 보존하기 위해 최소한의 보수를 통해 미술관으로 거듭난 공간이었어요. 제가 근무할 당시 2층의 넓은 홀 가운데에 작은 산 모양의 흙더미를 전시하는 작품이 있었어요. 매일 근무하는 층이 바뀌었는데, 저는 그 작품이 있는 층을 관리하는 날을 가장 즐거워했습니다. 흙이 바짝 마르지 않도록 물뿌리개를 이용해 수시로 물을 주어야 했기 때문입니다. 식물이 없는 흙에 물을 주는 경험은 처음이었어요. 골고루 물을 뿌리고 나면 흙은 숨을 쉬기 시작합니다. 물을 뿌린 자리에서 숨을 들이쉬듯 수분이 스며드는 게 보여요. 잠시 기다리면 넓은 공간 안에 흙냄새가 서서히 차오르는 게 느껴졌어요. 흙의 날숨이 뱉어내는 차분한 냄새에 정신이 맑아지곤 했습니다. 가끔 마음이 혼탁할 때, 저는 그 기억을 떠올리곤 해요. 흙냄새에는 그런 힘이 있어요.

타인의 크기

 타인과 함께 더불어 살아간다는 것이, 그리고 복잡하게 얽힌 관계들 속에서 나라는 사람을 정립해나간다는 것이, 얼마나 힘겹고 고통스러운 일인지를 안다.

 타인들 속에 섞여 부딪히고, 부딪히지 않기 위해 내 안에 숨고, 그래서 부딪히지 않더라도 매일 혼자 넘어지고, 돌아가야 할 나의 자리를 찾지 못하는 일들의 반복. 사건을 대하는 태도가 다르고 생각도 다르며 그것을 말로 서술하는 방식조차 다르다. 나 또한 모두에게 타인이어서 결국 서로가 서로에게 부딪히는 형국이다.

 타인들은 나의 주변에 정승처럼 서 있다. 그들은 거대하고 담대해서 내가 감히 그들에게 다가선다면 나는 이리 치이고 저리 치이느라 가만히 발 딛고 서 있는 일조차 버거워질 것만 같다. 타인과 타인 사이에 서 있는 나의 모습을 사수하기 위해 버티고 버텨왔지만, 늘 타인은 너무 크고 나는 너무 작다. 조금이라도 나 자신을 놓치게 되면 나의 미약한 불빛이 타인이라는 어둠에 잡아먹혀 완전히 꺼져버릴 것만 같다.

누군가를 온전히 이해하기 위한 노력은 매번 수포로 돌아갔다. 반대로 나를 온전히 이해해 줄 수 있는 사람도 이 세상에 존재하지 않는 것처럼 보인다. 좀 더 어렸을 때에는 그저 오늘과 내일을 함께 하며 시간을 공유하는 것만으로도 충분했다. 그 이상의 것이 필요하다고 느껴본 적도 없었다. 관계의 긴밀함은 늘 시간에 비례했었다.

하나둘 나이를 먹고 보니 관계의 성질 자체가 달라져 버렸다. 얼굴과 얼굴이 만나 삶의 표면을 묻고 답하는 일은 그리 어렵지 않지만, 마음과 마음이 만나 아무 이유 없이 서로를 감싸 안아주는 일은 굉장히 희귀한 일이 되어버렸다.

한 걸음만 다가가면 되는데, 그 한 걸음이 두 걸음이 되고 세 걸음이 될 텐데, 한 걸음의 무게가 그동안 겪어온 관계의 아픔만큼 무겁다. 몇 개 없는 창문들이 닫히고 좁아져서 바깥이 잘 보이지 않고, 이제는 타인의 크기를 감당하기가 어렵다. 세계는 자꾸만 작아지는데 타인은 지금까지 내가 가늠했던 것보다 훨씬 더 크다.

나는 무릎을 굽히고 앉아 타인을 곁눈질한다. 저 멀

리 타인과 타인 사이에는 나처럼 무릎을 굽히고 앉은 작은 타인이 또 하나 있다.

no shelter

삶은 자꾸만 나를 옥죄어 온다. 아무것도 하지 않고 나를 세상에 풀어놓지만, 늘 제자리에 서서 전방위의 시선으로 나를 지켜보고 있는 것 같다. 숨고 싶지만 어느 곳에도 숨을 수가 없다. 사람들과 만나는 지점은 마치 개활지 같고, 나는 고즈넉한 돌섬에 정착하기 위해 평생을 헤매고 있는 사람 같다. 혹은 마지막까지 아무 데도 정착하고 싶지 않은 사람일 수도. 이 넓은 우주 어디에도, 먼지 한 톨보다 못한 내가 숨어들 수 있는 곳이 존재하지 않는다는 사실이 가장 큰 슬픔으로 다가온다. 한껏 웅크린 자세로 굳어져 간다.

문장의 힘 1

　누군가는 그저 단순히 공감받기 쉬운 문장을 쓴다. 문장의 목적이 공감이 되면, 그 문장은 쉽게 죽어버린다. 공감을 제거하고 나면 실은 아무것도 남지 않는 텅 빈 문장인 것이다.

　우리가 좋은 문장을 읽어야 하는 이유는 공감에만 있지 않다. 좋은 문장은 내가 일상에 파묻혀 미처 보지 못하고 있던 것을 단 몇 줄의 문장으로 단숨에 깨우쳐 줄 수 있는 도구가 되어야 한다. 자연스럽게 고개를 끄덕이며 페이지를 넘기게 되는 문장보다 갑자기 페이지를 멈춘 채 한참을 생각에 빠지게 하는 문장이 되어야 한다. 여러 번 밑줄을 긋는 것도 모자라 자주 떠올리고 다시 꺼내 읽을 수 있도록 어딘가에 옮겨 두게 만드는 문장이 되어야 한다.

　그런 감각은 현실과 별반 다르지 않지만 현실 너머로 평행하게 놓여 있는 어떤 레이어 속에 내재되어 있다.

오직 문장을 통해서만 그 문을 열고 들어갈 수 있고 새로운 감각에 도달할 수 있다. 평소에 우리는 그곳을 볼 수 없으며, 문장이 그곳의 좌표를 가리키고 우리의 시선을 그리로 향하게 한다.

그런 문장을 쓰는 일 또한 그 레이어 속에서 발견한 아주 작은 점으로부터 시작된다. 작은 점에서 파생되는 단어들 사이로, 현실의 씨실과 날실을 매끄럽게 직조하면 어떤 문장이 된다. 잘 직조된 문장에서 공감은 그다지 중요하지 않다. 그런 문장에는, 현실에는 없지만 분명히 있을 법한 어떤 것이 반드시 있다. 별 것 아닌 것 같지만, 도움이 되는[1] 무언가가 반드시 있다. 그것은 일종의 체험이자 계시가 되어 내 세계의 테두리를 몇 발자국 넓혀 준다.

---

[1] 레이먼드 카버의 소설집 『대성당』에 수록된 단편 「별 것 아닌 것 같지만, 도움이 되는」 제목을 인용

문장의 힘 2

문장에게도 수명이 있다. 읽고 나면 얼마 지나지 않아 휘발하는 문장들이 있고, 오랜 시간 내 곁을 지켜주는 문장들이 있다. 삶 전체를 미묘하게 움직이게 만드는 문장이 누구에게나 있다. 그런 문장은 책 속에만 머무르지 않는다. 스스로의 힘으로 책을 자꾸 들추게 하고, 기어이 바깥으로 걸어 나와 노트 속에 적힌다.

입으로 꺼내어 발음하지는 못해도, 속으로는 수십, 수백 번도 더 소리 내어 발음해 보게 되는 문장들이 있다. 마음 깊이 자리 잡은 채 수 년, 수십 년을 스스로 발화하는 문장들. 나에게도 그런 문장들이 있고, 어떤 상황이 찾아오면 나타나 나에게 말을 건다. 사랑의 순간을 마주할 때, 관계의 상처에 대처할 때, 불안의 방문을 맞이할 때…….

문장을 쓴 사람이 의도했든 의도하지 않았든 그것은 별로 중요하지 않다. 문장은 거울 같은 것이어서 읽는 사람의 삶을 비추어 준다. 하나의 문장은 그런 식으로 여러 사람에게 반사되며 살아간다. 내가 굉장히 감명 깊게 읽은 문장이라고 해도 내 주변 사람들에게는 그렇지 않을 수 있고, 반대의 경우가 생길 수도 있다.

여러 명이 동시에 서서 거울을 볼 수 없는 것처럼, 문장은 어떤 면에서 굉장히 사적인 것이라고 할 수 있으므로 홀로 읽어야 한다. 좋은 문장일수록 꽁꽁 숨겨두고 읽을 줄도 알아야 한다. 그렇게 각자의 문장들이 쌓여간다.

빈터

 현재의 나를 붙잡아 두기 위해 나에게서 비롯되는 것이라면 무엇이든 일단 쓰려고 한다. 아무도 드나들지 않는 허름한 빈터가 나의 작업실이 되는데, 사람들 사이에 섞여 있을 때도 홀로 몰입하여 나만의 빈터를 완성한다. 보이지 않는 경계 속에 깊숙이 숨어들어 완전히 혼자가 된다. 혼자가 되어야만 귀를 기울일 수 있다. 그곳에서 태어난 나의 문장들은 다른 것들과는 다르게 꽤 오래 살아남는다. 그곳은 당신과도 멀리 떨어져 있지 않고, 가까이에서 맴돌고 있으며, 지금 이 순간에도 누군가 들어서기를 기다리고 있다.

불안

불안하지 않냐고?

불안하지 않다면 거짓말이지. 그런데 항상 불안하지는 않아. 이를테면 불안에 휩싸이는 시간이 있고, 그렇지 않은 시간이 있는 것이지.

우리는 미지의 것을 두려워 해. 이를테면 다가올 미래 같은 것. 불안은 늘 미래에 있어. 내가 여기에 서 있다면, 그것은 저쪽 너머에 우두커니 놓여 있지. 불안과의 거리는 서로 다를 수 있지만, 누구에게나 그런 식으로 놓여 있을 거야.

나는 불안을 다른 무엇과 맞바꾸려 하지 않는 것 같아. 어차피 맞바꿀 수도 없어. 불안이 머물기 좋은, 볕이 잘 드는 어느 한 자리에 둔 채 응시하려고 해. 반쯤 풀린 눈으로 멍하게 볼 때도 있고, 잔뜩 치켜뜬 눈으로 째려볼 때도 있어.

견딜 수 없다면 잠시 눈을 감고 있어도 좋아. 눈을 뜨면 다시 거기에 있고, 눈을 감아도 여전히 거기에 있다는 당연한 사실을 깨달으면 돼.

불안하지 않냐고?

자주 불안해. 그건 나의 상황이 아니라, 지나가는 어떤 기분 같은 거야. 너는 너의 불안을 응시할 줄 알아야 해.

무릎 위의 섬

 당신과 가장 가까운 섬은 당신의 방 안에 있다. 스탠드를 하나 켜 두고, 양팔로 무릎을 모아 앉아보자. 그곳에서 섬은 태어난다. 두 개의 무릎이 만나 작은 섬을 이룰 때 우리는 평온해진다.

 독백의 스포트라이트처럼 은은한 스탠드가 무릎 위를 비추면 나는 어떤 말이든 중얼거릴 수 있을 것만 같다. 완전한 고독 속에서도 아무렇지 않은 척 나 자신을 정돈할 수 있을 것만 같다. 어쩌면 누군가의 방 전체를 하나의 섬이라고 부를 수 있지 않을까. 집집마다 섬이 있어서, 지구 전체를 떠올리면 무수히 많은 섬들이 떠다닌다. 섬이 아닌 공간은 모두 캄캄한 바다가 된다.

 무릎 위의 섬. 그 주위를 나는 자주 헤엄치고 표류한다. 뗏목 하나 없이 맨몸으로 둥둥. 적당한 조류와 수온에 몸을 맡기고 둥둥. 작은 스탠드 하나가 온 바다를 비춘다. 어디든 닿을 수 있는 나라면 혼자여도 고독하지 않을 것이다. 좋아하는 책 한 권을 펼쳐두고 둥둥.

눈을 감으면 세상이 물결을 친다. 머리를 비우고 그 리듬을 받아들이면 나는 잠시 엄마의 양막 속으로 돌아갈 수 있다. 모든 것이 느슨하고 고요하다. 섬에서의 시간은 아무리 헤엄쳐도 끝에 다다르지 못할 것처럼 영원하게 느껴진다. 무릎 위에 턱이 닿고, 마침내 시계 소리조차 귀에 들어오지 않게 될 때, 방은 사라지고 내가 섬이 된다.

나와 가장 가까운 섬은 나의 방 안에 있다.

migration

 나는 기차를 타고 이동하는 시간을 사랑한다. 머리칸부터 꼬리칸까지 길게 늘어선 열차 속에서 가운데쯤의 칸에 앉는 것을 가장 좋아한다. 열차에 앉아 목적지로의 도착을 기다리는 일은 나를 완전한 부유의 상태로 만들어 준다. 혹시 궤도 위를 달리고 있는 열차는 현실과 관계없는 다른 세계의 물체가 될 수 있는 것이 아닐까. 그 안에 있는 동안 나는 유체를 이탈하지 않고도 나의 몸을 벗어나 창밖의 풍경 속을 유영하고 있는 듯한 기분이 든다. 쉴 틈 없이 움직이는 풍경 속에서 붕 뜬 기분으로 무엇이든 다 할 수 있을 것 같다.

 내 몸은 가만히 앉아 있지만 내 몸을 실어나르는 이 열차는 정해진 궤도를 질주한다. 어딘가를 향해 움직이고 있지만, 정확히 그 시간 동안만큼은 다른 어딘가를 향하지 않아도 된다는 사실이 나에게 위안을 준다. 어딘가를 향해 움직이고 있다는 사실 자체를 잊을 수 있고,

그러면 어디에도 존재하지 않을 수 있게 된다. 지금 이 순간과 바로 다음 순간을 잇는 궤도 위에 나타났다가 사라졌다가, 불현듯이 점멸하는 불빛처럼 부유하는 나를 지켜볼 수 있다. 터널이 나를 빨아들이고, 다시 뱉어내고, 산맥과 마을의 사잇길을 가로지른다. 특별할 것 하나 없는 여정 속에서 나는 평소에 느낄 수 없는 희귀한 감정들을 마주하고 다가올 내일을 위한 영감 속에 잠긴다. 내가 나로 부풀어 오른다.

   펑, 하고 터져버리기 전에 나는 기차에서 내릴 것이다. 여느 때와 다름없이 바람 빠진 풍선처럼 허기를 느끼며 다시 돌아오는 기차를 타게 될 것이다.

취향에 관한 소고

취향이 뭐냐고 묻는 말에 나는 자꾸만 조심스러워진다. 나에게 뚜렷한 취향이라고 할만한 것이 없다고 생각하기 때문이다. 만약 있다고 해도 그 수가 적고 폭이 좁으며 깊이마저 얕다. 좋아하는 곡이 무엇이냐고 묻는다면 몇 년 전 즐겨 들었던 음악에 대해 사소한 마음으로 답할 수 있을 것 같지만, 장르나 앨범 등 음악적인 취향에 대해 묻는다면 왠지 할 말이 없게 되어버린다. 좋아한다고 느끼는 대상에 대한 나의 지식이 그만큼 얕기 때문일 것이라고 생각하는데, 이것은 결국 나는 그 대상을 깊이 알고 싶을 만큼 좋아하지 않는다는 사실의 반증이 된다.

좋아하는 대상에 대해 말하는 것은 결코 쉬운 일이 아니다. 누군가가 좋아하는 대상에 대해 묻고, 그것을 좋아하는 이유에 대해 한 번 더 물었을 때를 경험해 본 사람이라면 알지도 모르겠다. 마음 먹고 이유를 찾기 시작하면, 어찌 된 까닭인지 그 대상에 대해 잘 모르는 사람이 되어버린다. 심지어 아무것도 모르는 사람이었다는 것을 그제서야 깨닫게 되는 것이다. 하물며 좋아하는 사람에 대해서라면 말할 것도 없고. 거의 대부분의 경우 무언가를 좋아하는 이유에 대한 대답은 이렇게 귀결된다. 그냥 좋으니까 좋은 거지.

 '이것이 바로 내 취향이야.'라고 여길 수 있을 만큼 어떤 대상을 깊이 좋아해 본 적이 별로 없는 것 같다. 관심이 생겨 흥미를 갖게 된다고 해도 대체로 그뿐이다. 하루종일도 모자라 매일매일 그것에 빠져 있다거나, 시간과 노력을 들여 그것을 낱낱이 파헤쳐보려는 식의 탐구심을 가져본 적도 거의 없다. 그렇게까지 하는 것은 나에게 귀찮음으로 다가오기도 한다. 좋아하는 대상에 대해서라면 누구보다 내가 가장 잘 알아야 한다는 욕심마저 없다. 좋아해서 누릴 수 있으면, 누리면서 나 스스로 온전한 기쁨을 느낄 수 있으면 그것으로 나는 충분하다. 무언가를 좋아하는 일은 어디까지나 혼자만의 일이니까. 누군가를 좋아하는 일도 결국에는 마찬가지이고.

 '나는 이것을 좋아해.'라는 말 한마디로 자신을 설명하고 심지어 내가 어떤 사람인지를 입증할 수 있다고 여기는 사람들이 가끔 있다. 좋아한다는 말 한 마디로 그

것의 속성을 취해서 굉장히 손쉽게 스스로가 원하는 어떤 범주의 사람이 될 수 있으니까. 좋아하는 것에 대해 말할 때 대개 우리는 공감을 얻기를 바란다. 취향의 공통분모를 찾는 것은 누군가에게 한 걸음 다가가기 위한 가장 간편한 방식이기 때문이다.

그러나 사람과 사람 사이의 거리는 서로 무엇을 좋아하는지를 통해 가까워지지 않는다. 오히려 좋아하지 않는 것에 대해 알았을 때 비로소 조금이나마 가까워졌음을 느낄 수 있다. 가까워지기 위해 좋아하는 것을 드러내는 사람이라면 취향을 이용해 접근하는 사람일 가능성이 높다.

바깥으로 드러나는 취향은 결국 껍데기가 되어버린다. 싸구려 취향이든 고급스러운 취향이든 그 사람이 말하는 취향이 무엇이든 간에 취향은 그 사람의 일부가 되지 못한다. 취향의 사전적 의미는 '하고 싶은 마음이 생기는 방향. 또는 그런 경향'이니까. 그 사람의 일부가 될 수 있는 것은 오로지 좋아하는 것을 대하는 태도와 바라보는 관점이다. 스스로를 뽐내기 위한 취향은 우리를 틀에 가두어버린다. 틀에 갇히는 것이 두려워서 나는 몰취향적인 인간이 되어가고 있다. 취향에 대해 함부로 말할 수 없게 되어버렸다.

취향은 어디까지나 취향일 뿐이다. 나는 더 이상 취향을 묻지 않는다. 마음의 방향은 말에서 드러나지 않기 마련이니까.

바깥과 바깥

충만하지 못한 날들이 이어진다. 한숨을 쉬면 무언가를 밀어내는 듯한 느낌이 든다. 날숨 하나가 순간 한 겹을 밀어내고 그 자리에는 다음 순간이 들어선다. 밀어내고 들어서고를 아무리 반복해도 어딘가 채워지지 않는 구석이 있다. 그게 무엇인지 알 수가 없어서 또 한숨을 쉰다.

바깥의 것에 골몰하며 살다 보면, 내면의 것을 거의 잊고 살아가게 된다. 바깥과 내면은 양면이어서 한쪽이 드러나면 한쪽은 감춰진다. 바깥의 나와 내면의 나는 서로의 정반대를 향해 나아가려는 성질이 있다. 바깥의 나는 자꾸만 밖으로 도망가려 하고, 내면의 나는 자꾸만 깊은 곳으로 숨어들려 한다. 바깥이 두꺼워지면 내면은 어두워진다.

바깥과 바깥으로 만나 교류하는 삶은 우리 마음을 죄어들게 한다. 바깥으로만 사는 사람들은 누구의 것도 아닌 허상을 온몸에 칠해 바른다. 허상의 향은 우리를 허기지게 만들고 내면을 둔탁하게 만든다. 넝마가 된 허상을 뒤집어 쓰고, 내 본성의 결핍이 두려워져 또 한숨을 쉰다. 애써 호흡을 가다듬으며 결핍과 결핍을 맞물려 겹치는 것으로 나를 방어한다.

나의 슬픔에게

 나는 슬픔에 옹색한 사람이다. 타인의 슬픔을 마주할 줄은 알지만 나의 슬픔을 마주할 줄은 모르는 사람이다. 글을 읽거나 영화를 보고 나서 눈시울이 붉어지는 일은 많지만 정작 내가 슬퍼서 울어야 할 때는 제대로 울지 못한다. 나는 나의 슬픔을 외면하는 일에 익숙해서 잘 울지 않는다. 내 안의 슬픔에게는 눈물을 내어주지 않는다.

 어렸을 때는 누구나 자주 운다. 엄마가 보이지 않아서 울고, 마음에 들지 않아서 울고, 괜히 짜증이 나서 운다. 그런데 울음과 눈물은 조금 다르다. 울음은 터져 나오는 것이지만 눈물은 흘러나오는 것이다. 슬픔이라는 영역이 있다면 울음보다는 눈물이 좀 더 거기에 가깝다고 할 수 있지 않을까. 슬픔은 폭포처럼 콸콸 쏟아지는 것이 아니라 묘한 진동으로 눈가에 머무르는 것이니까. 슬픔이 주체할 수 없을 만큼 마구 쏟아진다면 그것은 오열이 될 것이다. 어린 시절의 울음과 슬픔을 알게 된 후의 눈물은 많이 다르다.

어린 시절의 나는 울음보다 눈물이 많은 아이였다. 혼나서 우는 날보다 두려워서 훌쩍이는 날이 많았다. 원하는 것을 얻기 위해 울기보다 얻어지지 않는 어떤 것을 생각하며 꾹 참고 울었다. 울음을 억지로 누르고 또 누르면 더 이상 넘치지 않고 사라진다. 엉엉 울기보다 차라리 끅끅 참았더니, 울음이 정말로 사라졌다. 내가 엉엉 울지 않으니까 나를 위해 울어주는 사람도 없었다. 나 자신을 향해 울어주는 법을 잊어버렸고 나를 위한 울음이 무엇인지 모르게 되어버렸다.

어른이 된 나는 주로 타인을 향해 운다. 타인의 곁을 떠도는 슬픔을 목도할 때 고요한 눈물을 흘린다. 그러는 동안 나의 슬픔은 터지지도 넘치지도 못하고 갇혀 있다. 정체를 알 수 없는 거대한 댐 같은 것이 나의 슬픔을 견고하게 막아서고 있다. 울음에 체증이라도 걸린 것처럼 분명히 그런 감각이 있다. 문득 몹시 슬픈 감정에 사로잡혔을 때에도 그저 울컥하는 것에서 그치는 경우가 대부분이다. 내가 나의 편이 되어주지 못하고, 내가 나에게 관대하지 못해서 그런 것일까.

만약 이대로 나를 위해 울지 않는다면 내 안의 일부

를 차지하고 있는 슬픔은 무한히 늘어날까. 아니, 운다고 해서 슬픔이 줄어들기는 할까. 혹시 슬픔의 질량은 죽을 때까지 불어나기만 하는 것일까. 벽을 밀고 천장을 들어올려서 슬픔이 갇히는 공간의 크기를 키워야 할까. 나이를 먹으면 자연스레 커지는 것일까. 슬픔에도 압력이 있을 텐데, 내 삶이 그것을 버텨낼 수 있을까. 나의 슬픔이 언젠가 나보다 커져버리는 것은 아닐까. 정말 그렇게 된다면 나는 슬픔에 짓눌려 죽게 될까.

idle listener

나는 리스너로서 음악과 소원해지고 있다. 최근 몇 년 동안의 이야기지만, 음악을 잘 듣지 않고 있다. 굳이 찾아 들으려 하지 않는 것 같다. 음원 스트리밍 서비스를 모두 해지한 지도 꽤 오래되었다. 혼자만의 시간에 글을 쓸 때도, 버스나 택시 타고 이동을 할 때도, 청소나 요리를 할 때도, 뭐라도 음악을 틀어놓고 해야겠다는 생각 자체를 떠올리지 않고 있다. 그래서인지 지난 여름 여수의 어느 호텔에 이어폰을 두고 왔다는 사실을 KTX에 올라탄 뒤에야 깨달았을 때도 나는 별로 당황하지 않았다. 삶의 크고 작은 상실들 중에서 이어폰을 분실했다는 사실은 굉장히 미미한 크기의 상실에 속했던 것 같다. 뭐, 어쩔 수 없지. 딱 그 정도로 여기고 연연하지 않는 마음.

카페에 머무를 때에도 어떤 음악이 흘러나오고 있든지 마치 다른 손님들이 떠드는 소리에 섞인 백색소음인 것처럼 자연스레 흘려보낸다. 바다에 있으면 바다의 소리가 거기 있고 숲 속에 있으면 숲의 소리가 거기 있듯이 음악을 그저 공간의 일부 정도로 여기는 것이다. 음악을 음악으로 대하지 않는다고나 할까. 혼자 일상적인 시간을 보낼 때 정적 속에 나를 가두는 경우가 많아졌다. 음악이 나의 생활과 분리되어 멀리 떨어진 곳에 있는 느낌이다. 음악이 싫어진 것도 아니고 청력이 나빠진 것도 아닌데 그렇게 되어버렸다.

나도 한때는 내가 좋아하는 음악을 열심히 찾아 듣는 리스너였다. 공격적으로 음악을 찾아 듣고 취향의 세계관을 구축하고자 하는 헤비 리스너까지는 아니더라도, 나름의 디깅(digging)을 즐기며 혼자만의 플레이리스트를 만들어 듣는 레귤러 리스너 정도는 되었을 거라고 생각한다. 어떤 곡의 전주를 듣는 순간 거짓말처럼 매료되어 하루종일 한 곡 재생을 해보기도 했고, 우연히 내 귀에 꼭 맞는 미지의 곡을 발견하고는 숨겨진 탄광에서 원석을 발견한 것처럼 기뻐해보기도 했다. 음악이 주는 희열을 찾아 헤매기도 했고, 음악 속에서 영감을 얻기도 했다. 음악을 매개로 하는 어떤 강렬한 순간을 간직해두기도 했다. 지금은 그게 모두 과거형의 기억으로 남아있다. 내가 예전에 그랬던 적이 있다는 사실을 기억하고 있을 뿐이다. 그것이 실제로 나에게 어떤 느낌을 주었는지, 내가 어떤 마음으로 음악을 대했는지는 떠올리기가 쉽지 않다.

한 가지 명확한 것은 내가 음악과 계속해서 멀어지고 있다는 점이다. 바다에 떠 있는 부표가 조류에 의해 서서히 멀어지듯이 아주 오랜 시간에 걸쳐 음악과 멀어지고 있다는 느낌이 든다. 물론 여전히 문득 듣고 싶어지는 음악이 있다. 조휴일과 김사월의 음악이 내게는 한결같이 그러한데, 요즘은 그들과도 약간의 거리감을 느낀다. 유튜브에서 듣고 싶은 곡을 찾아 듣기도 하지만 대개 그때뿐이다. 한 곡을 듣고 나면, 혹은 한 곡이 다 끝나기도 전에 이미 음악은 귀에 들어오지 않고 있는 경우가 대부분이다. 유튜브는 다음 곡을 자동으로 재생하지만 내 귀는 이미 아무것도 통과시키지 못하고 있다. 음악과 멀어진다는 것은 정확히 이런 것이다. 귀로는 듣고 있지만 머리로는 듣고 있지 않아서, 귓바퀴 부근에서 줄곧 미끄러지고 마는 것. 음악이 귀를 통과해 들어와 눈을 감으면 펼쳐지는 나만의 세계를 더 이상 만날 수 없게 되어버렸다는 것.

내가 몰랐던 새로운 음악에 빠져본 적이 언제인지 잘 모르겠다. 음악으로부터 희열을 느끼거나 영감을 얻었던 마지막 순간이 언제인지 잘 기억나지 않는다. 곰곰이 생각해보면 꽤 슬픈 일이라고 할 수 있지만, 이것이 살아가는 데 치명적인 결함으로 작용하지는 않는 것 같다. 음악이 삶을 풍요롭게 해주는 존재인 것은 분명하지만 음악과 멀어진다고 해서 당장 불행한 삶이 되어버리는 것은 아니니까. 음악은 삶에서 물과 산소라기보다는 커피와 초콜릿 정도로 보는 것이 맞지 않을까. 결코 그렇지 않다고 반박해 줄 사람들이 많을 것 같긴 하지만, 어쨌든 요즘 나의 삶에서 음악이 차지하는 바는 그렇다.

어째서 내가 음악을 잘 듣지 않는 이유에 대해 해명하는 글을 쓰게 되었는지에 대해서는 아직도 완전히 해소되지 않는 부분이 있지만, 애써 이유를 찾는다면 이러하다. 음악을 찾아 듣지 않고 있다고 해서 삶이 피폐하거나 메마른 사람은 아니라는 식의 가벼운 해명을 시도하고 싶었다는 것. 아무도 묻거나 따지지 않았지만 이렇게 된 연유에 대해 숙고하지 않는다면 앞으로도 영영 음악과 멀어지게 될까봐 두려웠던 것일지도 모르겠다.

지금은 음악과 꽤 멀어져 있지만, 멀어진 상태로 영원히 머물러 있기는 싫다. 희미하게나마 그동안 음악이 나에게 어떤 영향을 주었는지를 기억해내며 붙잡아 두고 싶다. 언젠가는 반드시 다시 가까워질 거라고 믿는다. 그 대상이 음악이 아니더라도 마찬가지라고 생각한다. 무엇과 멀리 떨어져 있든 그것이 거기에 존재한다는 사실 자체를 잊어버리지만 않으면 된다. 계속해서 적당한 거리감을 유지한 채, 평온한 믿음 아래 때를 기다리고 있으면 된다.

능선

 오후 6시께의 서촌을 걸으며 인왕산의 능선을 바라본다. 낮고 옹골진 산의 능선 너머로 맑은 해가 숨어든다. 가볍고 예리하게 비치는 초여름 해 질 녘의 광선은 물결처럼 흔들리고, 그 사소한 순간 속에서 삶이라는 덩어리가 태동한다. 녹음의 푸른 빛은 서서히 초점을 잃고 그림자는 영악하게 푸른 빛을 먹어 치우며 몸을 키운다. 노을은 능선을 선명하게 하고, 능선 위로 솟아있는 나무들의 실루엣은 산의 정상을 향해 줄지어 선 동물들처럼 보인다. 능선을 향한 나의 시선과 능선을 타고 넘어오는 광선이 서로 엇갈리며 잠시 현기증을 느낀다. 부드럽게 머리를 울리는 진동과 함께 현실의 등이 켜진다. 삶이란 이토록 아득한, 환청과 멀미의 반복이다.

거울 속의 나

거울 속을 가만히 들여다본다. 이리저리 고개를 돌리다 정면을 바라본다.

거울 속의 나는 내가 느끼는 현실 속의 나와는 꽤 달라보인다. 그것이 나의 형체라는 것을 이성적으로는 알고 있지만, 태어나서 처음 보기라도 하는 것처럼 낯설게 느껴질 때가 있다. 여러 번 다시 살펴보아도 그것은 틀림없는 나라고 할 수 있지만 여전히 낯설기만 하다. 거울을 사이에 둔 채 그 이해할 수 없는 거리감은 도저히 좁혀지지 않는다.

우리는 거울을 통해 스스로를 왜곡해서 본다. 그것은 타인이 보는 나와는 또 다른 제3의 나이다. 내가 나에게 타자가 될 수 있는 가장 쉬운 방법은 거울 속을 들여다 보는 것이다. 나를 마주하는 모든 사람의 수만큼 나는 서로 다른 나로 존재한다. 거울 속의 나 또한 독립적으로 존재한다. 저마다 다르지만 모두 나의 일부이니까,

타인이라는 거울을 통해 반사된 모든 나의 합을 진짜 나라고 부를 수 있을까. 우리는 타인을 통해서만 존재할 수 있는 것일까. 이 글을 쓰는 나 또한 나의 일부에 불과한 것일까. 나는, 나일까.

part 2. timeless

신

 믿을 수 있다는 표현이 타자를 향하는 말이 될 수 없다는 것을 깨닫는다. 나를 믿는 동시에 두 사람의 공명(共鳴)을 믿는 일. 그 과정 속에서 나는 신이라는 존재를 발견한다. 일단 한번 흐르기 시작하면 도무지 멈출 수 없는 관성이 있다. 우리를 완전히 지나쳐 간 어떤 과거는 영원히 신의 용의자가 된다. 그것이 가리키는 방향으로 우리는 조심스레 걸어나간다. 믿음에 실패하고, 다시 시도한다. 오랜 세월 동안 여러 겹으로 퇴적된 믿음의 등허리는 참을 수 없을 만큼 아름답다. 눈을 뗄 수가 없어 주저앉는다. 두 손을 모은다. 사랑의 그림자가 드리운다.

late autumn

하나를 제거하면 전체가 파괴될 수밖에 없다.
문장 하나가 자꾸만 머리 위를 맴도는 날이었다.

문장을 마음으로 새기고 밖을 나섰다. 며칠 전과는 대기의 색온도가 눈에 띄게 달라져 있었다. 가을이 오고 있다. 버스를 타고 가는 중에도 창밖 풍경을 통해 계절의 변화를 쉽게 체감할 수 있었다. 이제 막 리모델링이 끝난, 지상 2층에 위치해 있는 기묘한 버스 환승센터에서 푸른 노을 속의 코스모스(kosmos)를 보았다. 탁 트인 전경의 맞은 편 호텔 창문들은 일제히 그것을 반사하고 있었고, 어둠 속에서 막바지 공사 중인 건물들은 조금씩 그림자를 잃어가고 있었다. 괴괴한 저녁이었다. 노을이 넓어지는 흐름을 피부로 느끼며 옷깃을 여몄다.

하나를 제거하면 전체가 파괴될 수밖에 없다.

문장은 일관성에 대해 말하고 있었다.

전체를 파괴하기 위해서는 하나만 제거하면 된다.
도치했을 때 조금 더 명료해지는 문장이었다.

가을의 입김을 머금고 집으로 돌아와 영화 〈만추〉를 보았다. 조명을 완전히 끈 상태에서 보았는데, 영화를 보는 내내 프레임 밖으로도 온통 안개가 자욱한 것처럼 느껴졌다. 주연은 탕웨이고, 극중 이름은 애나다. 수인 번호 2537번 애나, 7년 째 수감 중. 애나에게서 나는 정확히 절반씩 뒤섞인 희망과 절망을 보았다. 그녀는 분명히 다시 나아갈 수 있을 것이다. 특별할 것 없는 마지막 대사를 따라 읊었다. 하이. 잇츠 빈 어 롱 타임. 되감기를 해서 그 장면을 몇 번이고 반복해서 보았다. 다시 한 번, 마치 안개 같은 그녀의 발음을 따라 읊었다. 꽤 오래 기억될 것 같은 발음이었다.

영화를 다시 보게 된다면 나는 그 장면에서 또 멈추게 될 것이다. 한국에서 가장 안개가 짙은 곳은 어디일까. 그곳의 어느 카페 구석진 자리에는 또 다른 애나가 앉아있을 것만 같다. 겨울보다 더 먼 가을의 끝에서 무한히 절망하며, 안개 낀 창경원을 걷고 싶었다.

입술에 사는 식물

입술의 주름이 다 보일 정도로 아주 가까이에서 누군가의 입술을 살펴본 적이 있을까. 살짝 벌어졌다가 오므려졌다가 다물어지는 곡선의 아름다운 움직임을.

입술은 오직 입술의 언어로만 말을 건넨다. 대화가 잠시 멈추는 지점마다 달싹이는 윗입술과 부드럽게 들어 올려지는 아랫입술에서, 우리는 어떤 무르익음을 응시할 수 있다. 입술과 입술이 맞닿지 않아도 느낄 수 있는 새로운 종류의 촉감 같은 것이 입술의 움직임에 존재한다. 입술 옆으로 흘러 넘쳐 은근하게 접히는 입꼬리는 말없이 어떤 순간을 박제한다. 잠꼬대 같은 새근거림과 잠든 입술의 메마른 붉은 빛은 우리를 불면에 빠지게 한다.

입술에는 형체를 알 수 없는 우아한 식물들이 산다. 우리는 사랑하는 사람의 입술에서 그 맑고 싱그러운 몸짓을 마주한다.

새벽녘

 불이 꺼진 새벽녘의 조도는 이 세계에서 나라는 존재를 잠시 은닉시켜주는 동시에 가장 선명하게 만들어준다. 다른 모든 생각을 절제시키고, 뻗어나가는 생각을 다시 나로 회귀하게 만든다. 일상을 바쁘게 보내고 몸이 지쳐있을 때 더욱 더 그런 시간 속에 빠져 들게 된다. 조금씩 깎여 나가며 사라질 것만 같던 내 존재의 질량은 넉넉해지고 좁고 초라했던 내 우주의 밀도는 촘촘해진다. 각자의 자리를 묵묵히 지켜주고 있던 감정들이 하나둘 본래의 모습을 드러내고, 서로의 기분을 살피며 차근히 타일러 준다. 관계 속의 불온함으로부터 잠시나마 벗어난 나 자신도 안식처로 돌아와 얼마간 온순해진다. 온종일 힘껏 부풀어 있다가, 다시 1인분의 공간으로 되돌아오는 것이다.

 새벽은 삶의 불필요한 과장을 소거해 준다. 가장 적막하고 평화로운 방식으로.

비밀들

비밀은 들숨과 날숨 사이에 있지

미지의 섬과 뗏목 사이에도 있고

죽어가는 과정에도 있지만 아차, 싶어서 고개를 돌리면 벌써 사라지고 없으니까 그것은 어디에도 없는 것과 같다

아무 데나 있는

한번도 열린 적 없는 문과 매일 닫히는 문

열쇠 구멍으로만 보이는 허리춤의 움직임

갈 곳 잃은 새들이 창문에 몸을 부딪치는 소리

실은 네가 찾고 있는 것의 행방을 나는 알고 있어

속삭이는 유령들

우리가 태어나기도 전부터 존재했던, 아주 오래 전부터 해답이었던, 만년빙으로 뒤덮여 있던, 삐걱대는 마루 밑에 숨겨져 있던

낡아서 바스러지는 비밀 같은 것

스탠드의 퓨즈가 끊어져 있어 매일 아침 측은해진다
비스듬히 그늘진 얼굴
첫 번째 유언을 옮겨 적는다
아래와 같이

죽어서라도 감추고 싶은 것이 있다면
네가 가진 모든 비밀을 불에 태워야 해 숲으로 강으로 흘려보내야 해 그 물에 네 몸을 씻어야 해
비밀은 비밀이 되는 순간 더 이상 비밀이 아니게 돼
목소리를 빼앗긴 등장인물들의 대화
침묵과 침묵 사이의 문맥
-1과 +1를 오가는 눈금이 0을 지우면
나도 투명해질 수 있다
투명한 것과 불투명한 것을 마구 섞으면 투명일까 불투명일까
팔레트의 기분은 알지만 팔레트가 부서진 사건의 인과를 나는 모른다
부서진 것은 이미 부서져 있는 것과 같고 부서져 있음 그 자체이고 부서지는 것은 팔레트의 일이 아니므로
아는 것과 모르는 것의 크기를 알면
가장 비밀스러운 인간이 된다

그러니까

며칠 전부터 계속 눈에 밟히는 생각이 있는데

산다는 것은 꿈 속의 꿈이거나 꿈 속의 꿈 속의 꿈이 아닐까

매일 밤 열리는 가장무도회처럼

박수를 치고 어색한 춤까지 추었는데 주최자의 얼굴은 도무지 기억이 나질 않는

막을 내리고 무대를 정리하는 스탭들

한꺼번에 퇴장하고 해산하는 사람들

선잠과 뒤척임과 덧없음이

함께 누워있는 곳

우리가 손을 잡고 입을 맞추며 발가벗는 이유는

해몽하기 위해서

목을 빼고 티셔츠를 뒤집어 벗을 때마다 우리는 꿈에서 깨어나는 것이 아닐까

몇 겹의 꿈

꿈의 외곽에 집을 짓는다

침대 밑으로 사라지는 비밀들의 이름을 모두 외울 수 있다면

더 이상 감추지 않아도 될까

나 고개를 돌리지 않아도
괜찮을까

두 개의 차원

 손을 잡는다. 어깨를 감싼다. 겨드랑이를 내준다. 등을 붙인다. 나와 당신의 차원이 나란히 포개진다. 평행이 무너진다.
 두 사람의 체온을 무한히 겹치면 영원이 된다.

time goes by

시간은 풍경처럼 나를 무책임하게 지나쳐 간다. 나는 매 순간 그 한가운데 서 있고, 이유를 알 수 없는 무기력을 떨칠 수가 없다. 애초에 무기력이라는 상태에게 이유라는 것이 존재할 수 없는 것인지도 모른다.

삶은 우리가 무기력을 대하는 태도와 관련이 있고, 나는 그것을 자연스럽게 받아들이려 한다. 조용히 되뇌어 본다. 타임 고즈 바이. 모든 것은 마침내 지나간다. 무엇이든 애써 붙잡아 기록해 두지 않으면, 시간은 지나간 모든 것을 한 줌의 재로 태워버리고 만다. 우리는 매일 무언가를 잊고 있다. 잊고 있다는 사실조차 잊고 있다. 기록은 기억이다. 내가 오늘의 나를 기록하지 않으면, 나는 오늘의 나를 다시는 만날 수가 없다. 나는 지나간 나를 마주하기 위해 기록하려 한다.

내가 쓰는 글은 주로 언젠가 뒤돌아 볼 미래의 나 자신을 향한 독백에 가깝다. 현재의 나는 쓰고, 미래의 나는 읽고, 무한히 반복된다. 그것이 나라는 인간에게는 스스로를 증명하는 동시에 타인과 구분짓는 방법 중의 하나다.

글은 존재론적인 버팀목이 되어준다. 나 자신을 확인하기 위한 가장 쉬운 수단이 된다. 누구나 문득 떠오르는 상념을 지금 당장 메모해 두지 않으면 안될 것 같은 느낌에 사로잡히는 때가 종종 있을 텐데, 그것은 우리가 스스로에게 보내는 일종의 신호라고 생각한다. 본능적으로 우리는 알고 있는 것이다. 시간 속으로 스러져 가는 나를 가까스로 붙잡아 둘 수 있는 방법은 현재의 나를 기록해 두는 일이라는 것을.

2017년 여름의 답장

저는 지금 사랑을 하고 있지 않지만, "사랑을 하고 있지 않습니다."라고는 말하고 싶지 않습니다. "사랑을 하고 있지만 지금은 목적어의 자리가 분명하지 않습니다."라고 다르게 말하고 싶어요. 뜬금없다고 생각할 수 있지만 제가 지닌 사랑의 가치관으로부터 가장 먼저 떠오른 말이에요.

사랑은 늘 보이지 않게 나와 동반하는 삶의 태도 중 하나이지 반드시 대상이 존재해야만 성립하는 행위는 아니라고 생각합니다. 영어로는 목적어가 필요한 타동사이지만 실제로는 홀로 쓸 수 있는 자동사라고 믿어요. 마르틴 부버의 말을 빌려서, 그러다 어느 순간 부재하던 대상이 현존하는 대상이 되었을 때 비로소 우리는 사랑을 현실로 체감하는 것입니다. 그것은 가장 순수한 의지가 가장 순수한 감각으로 치환되는 소중한 경험이에요.

모든 일에는 시작과 끝이 있고 우리는 본능적으로 그

사실을 알아요. 그래서 늘 두렵습니다. 정체를 모르는 것에 대한 공포보다 이미 알고 있는 것에 대한 두려움이 더 가깝게 와닿는 법이니까요. 저도 두렵습니다. 사랑이 두려운 게 아니라 결말이 두렵습니다. 겪어보니 더욱 그렇습니다. 그럼에도 불구하고 우리는 마주해야 해요. 그래야만 하는 이유가 분명히 존재한다고 느낍니다. 사랑은 하나의 결말로 끝맺음되는 하나의 사건으로 치부될 수 없기 때문입니다.

사랑은 우리 각자의 삶 전체에 걸쳐 있고, 한번으로 끝나지 않아요. 사랑은 서수가 아니에요. 모든 시작과 끝이 하나로 연결되어 있고 우리는 그 순류를 따라 헤엄치고 있을 뿐이에요. 그 과정 속에서 지금 이 순간과 바로 다음 순간에 어떠한 태도로 사랑을 행하느냐가 중요하다고 생각합니다. 그런 식으로 나의 순수한 의지를 발견해나감으로써, 우리는 나 자신의 존재를 매 순간 명확하게 인식할 수 있습니다. 각자가 지닌 사랑의 풍경을 스케치해나갈 수 있어요.

미래를 염려하는 데서 찾아오는 두려움을 미리 겪으려고 하지 마세요. 깊어지는 일은 두려운 게 아니에요. 늪처럼 깊어지지 마세요. 밤처럼 깊어지길 바라요.

tenseless

시간이 벌써 이렇게나 흘러버렸네…….

이곳은 매일 어둡고, 조금 추워.

혹시 수십 년 전의 우리를 떠올릴 수 있겠니. 수십 년이 흘러 지금의 네가 될 줄 몰랐던 과거의 너, 그 곁에 서 있는 과거의 나를 말이야.

그동안 감당할 수 없을 만큼 많은 것이 변해 있겠지만, 그럼에도 불구하고 절대로 변하지 않는 무엇인가를 너는 과연 지니게 될 수 있을까. 그런 것을 품에 안을 수 있게 될까. 이미 말라버린 눈물들을 뒤로 하고, 네 앞을 흐르고 있는 강물을 너는 안온하게 흘려 보낼 수 있을까. 그때의 너는 누구의 허락을 받고 괴로워할까.

너에게는 우리의 시제(時制)가 아무런 위력을 가질 수 없었으면 해. 시간의 범주를 벗어나 늘 낯설게 순간을 읽어주었으면 해. 나는 네가 온몸으로 기도하지 않고도 스스로 종교적인 사람일 수 있길 바라. 우리가 저 산 중

턱의 거대한 바위만큼 무겁고 단단해질 수 있다면 그럴 수 있게 될까.

너는 영원의 무게를 알고, 나는 그런 너에 대해 자주 생각해. 너의 믿음이 무엇이든 네가 믿기로 한다면 그것은 쉽게 해체되지 않을 거야. 아무도 들어설 수 없는 다락 안에서 아득한 시간 속을 항해하고 있겠지. 사랑이라는 항로를 길고 긴 호흡으로 순환하고 있겠지. 단지 그것뿐이었으면 해. 그림자가 낮고 길게 깔리는 늦은 오후에 함께 거실에 누워, 공간의 중첩과 시간의 흐름을 나란히 지켜볼 수 있었으면 해.

누구도 감히 방해할 수 없을 거야. 수십 년 후의 너와, 수십 년 전의 내가 이렇게 견고히 의지하고 있는 한.

두께

당신은 박쥐처럼 잠이 들고
나는 아무도 꾸지 않는 예지몽처럼 잠이 든다
두 개의 잠이 나란히 눕고
긴 밤
미지근한 물 한 컵을 떠다놓고 다시 누우면
천장이 두꺼워진다

여름에는 발코니가 꽤나 소란스럽다
여러 번 완독한 소설의 목차 같은 자조적인 말들이 뒤섞여 들린다
베개 아래에는 미래어 사전이 숨겨져 있고
나는 뒤척일 수밖에 없다
헐거운 밤을 보내고 나면
이불이 두꺼워진다

연평균 강수량이 매년 꾸준히 증가하고 있다는 일기예보가 흘러나온다

꿈속의 당신은 맑고 포근해서 두꺼워진 이불을 팍팍 털어낸다

서랍 속의 오래된 물건처럼 바스락거리는 사람

아침을 기다리며 새들이 운다

눈꺼풀 속에 웅크려 있는 동안

울음이 두꺼워진다

눈을 뜨자마자 오늘의 습도를 확인한다

헛기침하듯 일어나서 사과를 깎고 커피를 내린다

간밤에 당신은 청보리밭처럼 출렁이고

늘 묘연하기만 한데

저만치

입체적으로 멀어지고

두꺼워지는

영원성

 당신은 기억할 수 있을까. 우리의 둘레에 어떤 선율이 흐르고 있는지를. 우리를 우리로 완성시키는 눈빛은 어떤 뉘앙스를 지니고 있는지를. 우리가 지나쳐 온 그곳의 겨울에는 어떤 느낌들이 새겨져 있는지를. 어제의 우리가 오늘의 우리에게 매일 무엇을 선사해 주는지를. 서로의 궤적을 볼 수 없는 우리, 혼자도 함께도 아닌 우리가 그럼에도 불구하고 같은 방향으로 나란히 걸어가는 일이 내일의 우리에게 어떤 약속을 만들어 주는지를. 우리는 무의미를 사랑할 수 있을까. 모든 일에는 시작과 끝이 있고 그 둘은 반드시 하나로 꿰어져 있다는 투명한 사실을, 우리는 체념할 수 있을까.

편도행 티켓

나는 언제나 돌아오지 않는 여행을 꿈꾼다. 몇 번의 여행을 경험하고 나니 일주일 후든 한달 후든 반드시 돌아와야 하는 여행은 돌아와야 한다는 사실 자체만으로 완벽한 여행이 될 수 없다는 것을 알았다. 물론 쉽지 않겠지만, 나는 꿈꾼다.

여행은 결국 일상으로 돌아와야 하기 때문에 여행이 될 수 있다는 말이 있다. 그러나 내가 꿈꾸는 돌아오지 않는 여행이란, 영영 돌아오지 않는 것이 아니라 돌아오는 것을 내가 원할 때까지 계속해서 미룰 수 있는 여행이다. 돌아갈 곳이 있기 때문에 지속할 수 있는 여행. 이곳에서 그곳으로, 그리고 또 저곳으로, 편도행 티켓만을 끊으며 지속하는 여행이다. 무한히 이어질 수 있는 편도 여행.

그렇게 할 수 있다면 나는 늘 현재에 살고 있다는 기분을 느낄 수 있을 것 같다. 과거에 묶여 있지 않고, 미래를 담보하지 않으며, 순간의 틈새에서 깊이 호흡할 수 있을 것 같다. 매 순간을 생동하는 여정 속에 존재할 수 있는 사람. 나는 그런 사람을 꿈꾼다. 여행 그대로를 삶 위에 포갤 수 있는 사람.

편도행 티켓을 끊는 일의 연속은 우리 삶과 닮아있다. 삶에 왕복은 없으니까. 일단 태어난 이상 아무도 다시 돌아갈 수 없으니까. 우리는 내일이라는 편도로만 나아갈 수 있으니까. 그 티켓을 끊는 일은 오직 나의 선택으로만 가능하니까.

환상

너라는 환상을 헤맨다

너는 둥글게 웃는다

너에게는 얼굴이 없다

너는 표정으로만 존재한다

너는 예고 없이 엄습해 온다

너는 순식간에 빨아들인다

너는 충동적으로 달아난다

너는 매일 울지만 한 번도 젖지 않는다

너는 필사적으로 웅크린다

너는 증명하지 않는다

너라는 역사를 복원한다

너라는 리듬을 이미지화한다

너는

나에게서 태어나는 환상이다

emptyness

우리는 삶의 무수히 많은 순간을 기다림 속에서 보낸다. 다가올 주말과 예정된 여행을 기다리고, 누군가를 기다리고, 지나고 나면 또 다음을 기약한다. 기다림의 감각은 나를 찾아왔다가 떠나가는 것이 아니라, 가만히 머물러 있는 어떤 윤곽처럼 나라는 존재를 둘러싸고 있다. 이를테면 존재의 틀 같은 것이다. 사라지지 않고, 선명해지거나 투명해진다. 우리가 오늘이라 부르던 어제와 내일이라 부르던 오늘의 사이를 순환한다. 기다림의 바깥에서 일상은 유유히 흘러간다. 기다림에 익숙한 이들은 알고 있다. 무언가를 기다리고 있지만 그것은 곧 우리를 관통해 지나갈 것이고, 기다림의 끝에 다다르면 우리가 마주해야 하는 것은 결국 새로운 기다림의 시작이라는 것을. 점차 반복될수록 우리의 윤곽은 견고해지고 그 속은 조금씩 비워져 간다. 그런 것을 우리는 공허라고 부른다.

야간열차

 달리는 열차의 창가에 턱을 괴고 있으면 왠지 모를 안정감이 든다. 시간은 열차의 운행과 함께 정처 없이 흘러간다. 빠르게 눈꼬리를 스치는 풍경들을 시야 밖으로 무수히 흘려보낸다. 떠오르는 일련의 느낌들을 응시하며 시간의 축을 그려본다. 나는 지금 현재라는 프레임 위에 놓여 있다. 내가 무의미하게 뒤로 사라지고 다시 내가 무의미하게 그 자리에 생겨난다.
 예전에 어떤 가사는 우리가 매일 이별하며 살고 있다고 중얼거렸다. 언젠가 이 세계에 실재하지 않을지도 모르는 대상을 그리워하는 일에 대해 미리 생각해본다. 영화 〈러브레터〉 속 히로코의 그리움에 대해 생각해본다. 설원 위에서 울려퍼지는 히로코의 외침 속에 3년 전에 죽은 이츠키가 존재했다. 없음에도 있고 있음에도 없다는 것. 이츠키는 설원 그 어디에도 존재할 수 없었지만, 히로코의 메아리 속에 존재하고 있었다. 그러니 만약 부재가 존재를 증명한다면 둘은 결국 동일하다고도 말할 수 있지 않을까. 부재는 존재의 반대가 아니라, 이면을 표현하는 말일 뿐이겠지. 부재란 그 자체로 모순이 되는 단어겠지. 우리가 시간의 축 위에서 세계를 인식하기 때문에 어쩔 수 없이 발생하는 서글픈 모순들 중 하나겠지.

그렇다면 나는 시간의 저편으로 무수히 사라져가는 풍경들을 어떤 자세로 마주해야 할까. 시간의 축 위에서 나는 어떤 방식으로 존재하거나 부재해야 하는 걸까. 달리는 열차의 창밖을 보고 있으면 가끔 먹먹해진다. 목적지에 도착하기를 자꾸 미루고 싶어져서, 안내 방송을 흘려 듣는다. 열차의 밤이 깊어간다.

잔흔

 무의식 속의 네가 어느 날 갑자기 부서져 있고 흔적도 보이지 않는다. 항상 그 자리에 그대로 있을 줄 알았는데, 돌연히 사라져버린다. 무의식 속의 내가 태어났을 때처럼 나는 다시 혼자가 된다.

 흔적은 예고없이 틈입한다. 무의식의 도처에 싹을 틔운다. 불모하지 않고 증발하지 않는다. 흔적은 부재를 증명하고 존재를 재현한다. 나 자신도 누군가의 무의식 속에서 흔적이 된다. 흔적은 나를 미행하고 기어이 체념을 종용한다. 흔적은 흔적을 낳고 무한히 증식한다. 흔적은 무의식을 지배하고 스스로 발화한다. 나를 잠식하고, 만지고, 포옹하고, 핥고, 배신하고, 침묵한다. 흔적의 언어에는 시제가 없다.

삶의 한가운데

 삶은 누구에게나 행복의 연속을 보장해 주지 않는 것처럼 보인다. 우리는 보통 삶에게 묻는다. 나의 행복은 어디쯤 와 있는 것인지, 언제쯤 내 손에 쥐어볼 수 있는 것인지에 대해서. 그래서 우리는 자주 잊고 산다. 삶은 우리에게 답을 주는 무엇이 아니라, 삶 자체가 질문이고 나의 선택이 곧 답이 된다는 것을.

 우리가 삶에게 물을 때 삶은 거꾸로 매일 매 순간 우리에게 묻고 있다. 언제까지 당신의 행복을 스스로 유예할 것인지에 대해서 말이다. 우리는 그동안 덤불이 어지럽게 우거진 삶의 외곽만을 바삐 정비하느라, 삶의 한가운데에 묵직하게 솟아 있는 물음을 못 본 체 했거나 응답할 여유를 잃어버리게 된 것인지도 모른다.

무덤

빛의 뼈라고 불리는 날카로운 것
아직 발견되지 않은 폐허 속에서 무참히 파괴된 것
잠에 취한 강아지의 눈동자처럼 비밀스러운 것
창밖의 음악에 귀 기울이다 팔목을 붙잡혀 걸어나가는 것
밤새 이를 가는 소리에도 황홀해서 어쩔 줄 모르는 것
맨몸으로 추락한다
이해해요 당신의 선택이니까

우리가 지나온 터널이 무너진 자리에는
그리움이라 명명된 그늘이 깔린다
우리는 해체되었다가 다시 우리로
수렴할 운명인 걸

반투명의 입술들이 하나둘 겹쳐지면
자꾸 선명해져
어제의 네가 불쑥 나타나
산스크리트어를 속삭이고 흩어진다
읽을 수 없는 이름
암호로 잠긴 문

철커덕
모든 것이 닫히고
남겨진 것들끼리 승무를 춘다
안개와 어둠의 혼성
포옹 속으로 영영 사라질 수 있다면
혀를 깨물 수도 있을 것이다 기꺼이
나는 무한히 굴절하는 사람
열린 차원
맨 처음의 빛
뼈를 꺼낸다

우리는 매일 조금씩

 문득 사라지고 있다는 느낌을 받는다면 그것은 아마 착각이 아닐 거야. 인정하고 싶지 않지만 우리는 매일 조금씩 사라지고 있어. 네가 아닌 다른 누군가의 기억에서 너는 조금씩 흐려지고, 맥없이 흩어지고, 두 번 다시 돌이킬 수 없을 것처럼 투명해져. 난데없이 되살아났다가 이내 다시 고요해지지.

 사진들 속에 수많은 네가 있는 것처럼 너는 지금 이 순간에도 산파되고 있어. 무수히 많은 기억 속으로 흩어져 가고 있어. 그렇지만 영원히 사라질 수 있는 사람은 아무도 없는데, 누구에게나 포기할 수 없는 무엇이 반드시 존재하기 때문이야. 사라질 수 없다면, 마지막까지 잊지 않기로 하자.

 네가 페달을 밟기 시작한다면 너는 평행하는 차원들의 사이를 건너갈 수 있게 될 거야. 차원과 차원의 사이를 자유롭게 옮겨 다니며 너 자신의 파편들을 모을 수 있게 될 거야. 흩어진 너의 파편들을 네가 한눈에 알아볼 수 있다면 좋을 텐데.

그럼에도 불구하고 계속해서 사라지는 느낌을 받고 있다면, 우리가 차원을 벗어날 수 없기 때문일 거야. 벗어날 수 없다면, 마지막까지 믿음을 저버리지 않기로 하자.

주사위와 유성

우리는 주사위처럼 태어난다.

단 한 번의 결과에 모든 것을 맡기듯이 세상 위로 던져진다. 똑같이 굴러가다 마침내 멈춰서게 되는 아주 짧은 시간 동안 우리는 완전히 무력하게 탄생한다. 한 톨의 먼지처럼 아무런 목적없이 우주를 유영한다. 그것이 운명이고 본질이다. 그러다 어느 순간, 당신이라는 거대한 중력에 이끌려 또 무력하게 굴러떨어지고 만다.

우리는 유성처럼 사라진다.

활활 타오르며 아름답게 날아갈 것이다. 당신에게 가장 가까운 곳으로 낙하하기 위해서는 한 치의 망설임 없이 내 몸을 불태워야 한다. 기껏해야 몇 초도 되지 않는 아주 짧은 시간 동안 오로지 당신을 향해 발화하는 것이다. 기꺼이 충돌하고, 목격당하고, 자취를 남기고, 이내 소멸한다. 언젠가 소멸할 것임을 알고 있으면서도 태연히 낙하한다. 그것이 운명이고 본질이다. 모든 것이 사라진 후에야 또 무력하게 세상 위로 던져질 것이다.

두 번째 순수

한 개인에게서 순수는 파괴되거나 소멸되지 않고, 아무런 징후도 없이 침식 당하며 조용히 숨겨져 간다. 알아채는 순간 이미 되돌릴 수 없을 만큼 그것은 진행되어 있고 상실 자체의 크기만을 어렴풋이 감각할 수 있을 뿐이다. 우리는 우리가 순수했던 그때를 가끔 추억한다. 시간이 이미 많이 흐른 뒤에야, 그때로 돌아갈 수만 있다면 나 다시 온몸으로 사랑하리라고 함부로 다짐하는 것이다. 그리고 누군가를 진심으로 사랑하게 되는 순간부터 다시 태어난다. 그 과정에서 우리가 마지막까지 지켜내야 할 단 하나의 순수를 재회한다. 두 번째 순수는 언제나 타인에게서 비롯한다.

초여름

어느 초여름 저녁

목덜미에 달라붙는 수억 개의 눈빛

꽃 덤불에 불을 지피고

풀벌레 무리가 노래를 멈추면

살구나무 한그루의 발음처럼

참을 수 없이 간지러워

당신의 눈썹만큼 관능적인

늙은 숲의 연민은 우수수 떨어지고

욕실 거울에 착 붙어 떨어지지 않는 내 얼굴

촛대와 거짓말

프루스트의 귓속말

사랑은 나의 미들 네임

녹음된 고백과

마모되지 않는 마음

미안하다고 말하는 너는

종말하기 직전이다
영원히 자세를 바꾸는 다짐과
길게 꼬리를 그리며 공전하는 일
수평선으로 사라지며
실은 어떤 목소리처럼 남아있다

faith

당신이 선택한 믿음이 당신의 세계를 구성한다.

우리가 보고 듣고 느낄 수 있는 대상은 무한히 많고, 그것들 사이에서 믿고 싶은 것을 선택하는 일은 전적으로 우리의 몫이다. '믿다'라는 행위에서 '믿음'이라는 의지가 될 때 양질의 논리를 벗어나고 마침내 선택은 믿음을 증명한다. 너를 사랑하기 때문에 무엇이든 할 수 있는 것이 아니라, 무엇이든 할 수 있음으로써 너를 사랑하는 것이다.

당신의 선택은 행동이 되고, 행동이 모이고 쌓여서 보이지 않는 신념을 이 세계에 현현한다.

너

네 안에는 거의 비슷비슷한 크기로 이루어진 복수의 네가 촘촘히 포개져 있다.

너는 그들 중 하나인 동시에 전체이다. 너는 그들로부터 비롯된 자식이고 그들 모두를 포함하는 모체이다. 그들의 합은 곧 너의 과거이다. 그들은 어떤 부분은 공유하고 어떤 부분은 공유하지 않으며 자주 엎치락뒤치락한다. 갈등하고 분쟁하고 억압하지만, 전체적으로는 평화를 추구한다.

너는 그들 중 누군가의 감정에 사로잡히고, 그들 중 누군가는 너에게 소외된다. 너에게 외면당한 너는 불안해하고 우울해한다. 혹은 너는 불안하고 우울해서 너에게 외면당한다. 그 어떤 누구도 너를 제거할 수 없고, 소외된 너는 고양이처럼 숨죽인 채 너의 전체를 지켜본다.

너는 너의 일부이자 전부이다. 네 안의 포개져 있는 복수의 너는 너에게 그 사실을 일깨워 주지 않는다. 너의 삶은 너와 같지 않고 너는 너의 삶을 포함할 수 없다.
 너의 삶은 결국 너보다 크다.

outro

지나간 마지막 순간을 기억하세요. 당신이 그토록 찾아 헤매던 사랑의 비밀은 오직 마지막 순간들 속에만 존재해요. 마지막이라는 이름의 순간은 무한히 유예할 수 있는 것이에요. 그래서 끝과 마지막은 달라요. 언젠가 끝에 도달하게 되겠지만, 마지막의 뒤에는 또 다른 마지막이 이어질 수 있어요. 마지막은 서사와 무관해요. 마지막의 마지막은 당신의 선택으로만 결정될 수 있어요. 마지막 순간에만 손을 놓지 말아요. 손에 힘을 빼는 순간, 거짓말처럼 모든 것이 사라질 거예요. 끝은 우리를 영원히 기다릴 테지만 우리는 마지막의 굴레를 스스로 벗어날 수 있고 계속해서 나아갈 수 있어요.

영원에 무늬가 있다면
a pattern of eternity

초판　1쇄 발행 | 2018년 12월 7일
　　　10쇄 발행 | 2025년 1월 17일

지은이 | 최유수
사진 | yschwn
이메일 | yschwn@gmail.com

ISBN 979-11-957046-9-9
published by doorspress
printed in Seoul, Korea
email | doorspress@gmail.com

*이 책의 저작권은 저자와 도어스프레스에게
있습니다. 저작권법에 의하여 한국 내에서 보호를
받는 저작물이므로 저작권자의 서면 동의 없이는
어떠한 형태나 수단으로도 이 책의 내용을
이용할 수 없습니다.